全国技工院校新能源汽车检测与维修专业（中 / 高级技能层级）

新能源汽车电池与管理系统检测与维修习题册

主　编　卫云贵

中国劳动社会保障出版社

简介

本习题册是全国技工院校新能源汽车检测与维修专业教材（中 / 高级技能层级）《新能源汽车电池与管理系统检测与维修》的配套用书。习题册内容紧扣教学要求，注重基础知识的巩固和基本能力的培养，知识点分布均衡，题型丰富，难易适当，有助于学生复习巩固所学知识。

本习题册由卫云贵任主编，李凤琪、张爱玲、李楷、陈青俊参与编写。

图书在版编目（CIP）数据

新能源汽车电池与管理系统检测与维修习题册 / 卫云贵主编. -- 北京：中国劳动社会保障出版社，2021

全国技工院校新能源汽车检测与维修专业. 中 / 高级技能层级

ISBN 978-7-5167-5003-2

Ⅰ.①新… Ⅱ.①卫… Ⅲ.①新能源－汽车－蓄电池－检修－技工学校－习题集 Ⅳ.①U469.720.7-44

中国版本图书馆CIP数据核字（2021）第217821号

中国劳动社会保障出版社出版发行

（北京市惠新东街 1 号　邮政编码：100029）

*

北京市科星印刷有限责任公司印刷装订　　新华书店经销

787 毫米 ×1092 毫米　16 开本　3.75 印张　62 千字

2021 年 12 月第 1 版　　2024 年 11 月第 5 次印刷

定价：8.00 元

营销中心电话：400-606-6496

出版社网址：http: //www.class.com.cn

http: //jg.class.com.cn

目　　录

模块一
动力蓄电池与管理系统认知

课题一　动力蓄电池认知

一、填空题

1. ________、________和________________是新能源汽车的三大关键组成部分。

2. 常见的锂离子蓄电池有____________蓄电池、____________蓄电池、__________蓄电池和____________蓄电池。

3. 锂离子蓄电池的额定电压一般为__________。

4. 镍氢蓄电池一般有________和________两种类型。

5. 燃料电池具有结构简单、能量转化率________、噪声________等特点。

6. 太阳能电池是基于半导体的__________效应将太阳能直接转化为电能的装置。

7. 北汽 EV200 纯电动汽车搭载的动力蓄电池为__________蓄电池。

8. 特斯拉 Model S 搭载的动力蓄电池采用的是 18650 锂电池，由______个单体电池构成，首先由______个单体电池组成一个电池模组，再由____个电池模组串联组成。

9. 丰田普锐斯混合动力汽车采用的是________蓄电池。

二、判断题

1. 钴酸锂蓄电池不适合用作新能源汽车的动力蓄电池。　（　　）

2. 锂离子蓄电池的工作电压与构成电极的锂离子嵌入化合物及锂离子的浓度有关。（　　）

3. 燃料电池就是将燃料燃烧后释放电能的电池。（ ）

4. 镍氢蓄电池是一种性能良好的碱性蓄电池。（ ）

5. 锰酸锂蓄电池因能量密度高而具有较好的续航能力。（ ）

6. 镍氢蓄电池放电时输出的比功率较高，而且在较大范围内比功率变化平稳，适用于混合动力汽车。（ ）

7. 比亚迪 e5 采用的是铅酸蓄电池，由 13 个电池模组串联组成。（ ）

8. 镍氢蓄电池在长期保存之前要先放电。（ ）

9. 三元锂蓄电池的正极材料由镍钴锰等金属按一定比例混合而成。（ ）

三、选择题

1. 镍氢单体电池电压为（ ）V。

A. 2　　B. 4

C. 1.2 ~ 1.3　　D. 6 ~ 7

2. 锂离子蓄电池负极的材料是（ ）。

A. 磷酸铁锂　　B. 锰酸锂

C. 三元锂　　D. 石墨

3. 锂离子蓄电池通常采用分段式充电方法，第一阶段采用（ ）充电。

A. 均衡　　B. 恒流

C. 恒压　　D. 脉冲

4. 具有较好的安全稳定性的锂离子蓄电池是（ ）蓄电池。

A. 三元锂　　B. 磷酸铁锂

C. 锰酸锂　　D. 钴酸锂

5. 燃料电池是把（ ）转化为电能的发电装置。

A. 化学能　　B. 机械能

C. 电能　　D. 生物能

6. 锂离子蓄电池电压低于（ ）V 时应终止放电。

A. 2　　B. 3.6

C. 4.2　　D. 2.7

7. 比亚迪唐插电式混合动力汽车采用的是（ ）蓄电池。

A. 三元锂　　B. 磷酸铁锂

C. 锰酸锂　　D. 钴酸锂

8. 在质子交换膜燃料电池中，氢燃料被送入（　　），空气被送入（　　）。

A. 正极　负极　　B. 负极　负极

C. 负极　正极　　D. 正极　正极

9. 比亚迪 e5 的动力蓄电池由（　　）个电池模组（　　）组成。

A. 13　并联　　B. 10　并联

C. 10　串联　　D. 13　串联

四、简答题

1. 列举三种常见的动力蓄电池，并简述其特点。

2. 锂离子蓄电池的正负极材料分别是什么？

3. 简述锂离子蓄电池的充放电特性。

4. 简述镍氢蓄电池的使用注意事项。

课题二　动力蓄电池管理系统认知

一、填空题

1. 动力蓄电池管理系统（BMS）按结构可分为__________动力蓄电池管理系统和__________动力蓄电池管理系统。

2. BMS 可以监测动力蓄电池中各单体电池的工作状态，包括电压、____________、________等。

3. 动力蓄电池热管理系统一般由____________、____________、__________________等构成。

4. BMS 一般通过内部______总线技术实现模块之间的数据信息通信。

5. 制动能量回收控制功能的实质是通过__________控制管理把蓄电池的荷电状态维持在一定范围内，以便有足够的能量空间接收制动回收的能量。

6. 动力蓄电池管理系统主要由________________、______________、____________________和控制部件组成。

7. 动力蓄电池管理系统的数据检测模块主要进行数据采集，包括________传感器、________传感器、________传感器等。

8. 比亚迪秦的电池管理系统主要由 1 个____________________、10 个____________________和 1 套电池采样线等组成。

9. 电池信息采集器主要用来进行__________采样、__________采样、电池均衡、采样线异常检测等。

二、判断题

1. 分布式动力蓄电池管理系统的数据实时性较高。（　　）

2. 荷电状态（SOC）是提示动力蓄电池的技术状态、预计可用寿命等健康状态的

参数。 ( )

3. 动力蓄电池管理系统能在充电过程中对充电时长、充电效率以及充电的饱和程度等项目进行优化。 ( )

4. 放电控制功能是指在放电过程中根据蓄电池的状态对放电电流的大小进行控制。 ( )

5. 准确估算健康状态能够保护蓄电池、提高整车性能和经济性能，还能降低车辆对动力蓄电池的要求。 ( )

6. 比亚迪秦采用了分布式动力蓄电池管理系统。 ( )

7. 动力蓄电池管理系统的显示单元模块可以进行数据呈现，实现人机交互。 ( )

8. 在分布式动力蓄电池管理系统中，数据采集是分散的。 ( )

9. 集中式动力蓄电池管理系统能检测到每个单体蓄电池，精度很高。 ( )

三、选择题

1. 动力蓄电池管理系统的基本功能包括检测、计算、管理、( ) 等。

A. 保护　　B. 充电

C. 放电　　D. 运行

2. ( ) 是提示动力蓄电池组剩余电量的参数，是估算汽车续驶里程的基础。

A. BMS　　B. SOC

C. VCM　　D. CAN

3. 比亚迪秦的 10 个电池信息采集器分别位于每个电池模组的 ( )。

A. 后端　　B. 前端

C. 中部　　D. 视情况而定

4. SOC 是蓄电池剩余 ( ) 与额定容量的百分比。

A. 电量　　B. 容量

C. 电流　　D. 电压

5. 数据采集速率和 ( ) 是影响动力蓄电池管理系统性能的重要指标。

A. 频率　　B. 持续时间

C. 精度　　D. 温度

6. 分布式动力蓄电池管理系统将计算和判断结果送到 BMS 或直接通过 ( ) 总

线传输到整车控制器。

A. CAN　　　　B. BMS

C. VCU　　　　D. MCU

7. 动力蓄电池管理系统的放电控制功能是指在放电过程中根据蓄电池的状态对放电（　　）大小进行控制。

A. 电压　　　　B. 电阻

C. 电流　　　　D. 电容

8. 动力蓄电池能量控制功能的一致性补偿一般采用的是（　　）补偿功能。

A. 温度　　　　B. 容量

C. 放电　　　　D. 充电

9.（　　）的主要功能是连接电池管理控制器和电池信息采集器，实现二者之间的通信及信息交换。

A. 电池连接线　　　　B. 电池输出线

C. 电池采样线　　　　D. 电池输入线

四、简答题

1. 什么是动力蓄电池管理系统?

2. 动力蓄电池管理系统的基本功能有哪些?

3. 简述动力蓄电池热管理系统的功能。

4. 集中式和分布式动力蓄电池管理系统各有哪些特点？

模块二
动力蓄电池的检修

课题一　动力蓄电池的检测与更换

一、填空题

1. 丰田普锐斯混合动力汽车的动力蓄电池安装在车辆的________位置。

2. 第一代丰田混动系统的 HV 混合动力蓄电池由________个动力蓄电池模组，共________个单体电池组成。

3. 北汽 EV160 纯电动汽车动力蓄电池由__________________、__________________、__________________________、辅助元器件（电器件及高低压连接器等）组成。

4. 比亚迪 e6 的动力蓄电池安装在车辆下部________位置处。

5. 比亚迪 e6 的动力蓄电池由____个动力蓄电池模组，共____个单体电池组成。

6. 若起动状态下，汽车的充电口盖未闭合，对应的故障指示灯会显示为________色。

7. 动力蓄电池一般________安装放置，不可倾斜。

8. 比亚迪秦的动力蓄电池位于__________内。

9. 动力蓄电池箱体的防护等级为______。

二、判断题

1. 不准用水冲洗擦拭电气设备。（　　）

2. 非持证电工不准装接电动汽车高压电气设备。（　　）

3. 动力蓄电池一般安装在清洁、阴凉、通风、干燥的地方并避免受到阳光直射。（ ）

4. 在维修带有高电压的新能源汽车前，可不执行高电压的断电和检验操作。（ ）

5. 正常情况下，在起动开关关闭后，高压系统不可能还存在高压电。（ ）

6. 北汽 EV200 的整车质保期为 5 年或 10 万公里。（ ）

7. 为了车辆的运行稳定性和维修便利性，纯电动汽车均取消了维修开关。（ ）

8. 比亚迪唐的动力蓄电池位于车辆后部。（ ）

9. 动力蓄电池的温度越低越好。（ ）

三、选择题

1. 比亚迪 e6 的动力蓄电池为（ ）蓄电池。

A. 锰酸锂　　B. 钴酸锂

C. 三元锂　　D. 磷酸铁锂

2. 如果是可使用按钮起动的汽车，应把钥匙拿到离车至少（ ）m 远的地方，或锁入维修柜，防止汽车被意外起动。

A. 2　　B. 5

C. 10　　D. 20

3. 即使高压维修开关被拆除，动力蓄电池内的电池及其连接电路仍然在（ ）位置具有高压。

A. 串联　　B. 并联

C. 全部　　D. 根据实际情况确定

4. 关于高压验电操作应注意事项，以下说法不正确的是（ ）。

A. 在检验高压端子期间，必须佩戴好个人安全防护用品

B. 验电时，必须使用电压等级高于车辆电压的测量仪表

C. 验电后如果仍有高电压，需再次进行放电

D. 验电时如果负载侧有较小电压，可使用电位计对该部位进行放电

5. 如果高电压动力蓄电池单元内部有杂质，应明确原因后对相关部位进行仔细清洁，允许使用（ ）作为清洁剂。

A. 汽油　　B. 酒精

C. 除垢剂　　D. 自来水

6. 丰田普锐斯混合动力汽车动力蓄电池系统主要由HV混合动力蓄电池温度传感器、维修塞连接器（高压维修开关）、（　　）、HV混合动力蓄电池鼓风机及HV混合动力蓄电池等构成。

A. 主正继电器　　B. 主负继电器

C. 电池智能单元　　D. 预充继电器

7. 北汽EV200纯电动汽车动力蓄电池由动力蓄电池箱体、动力蓄电池模组、（　　）、动力蓄电池控制器、高压维修开关及其他辅助元器件等组成。

A. 动力蓄电机控制系统　　B. 动力蓄电池管理系统

C. 动力蓄高压控制系统　　D. 动力蓄整车控制系统

8. 当汽车仪表上的 指示灯点亮时，说明（　　）。

A. 动力蓄电池绝缘电阻低　　B. 动力蓄电池电量不足

C. 动力蓄电池故障　　D. 动力蓄电池正常

9. 进行高压系统断电操作时，操作人员佩戴的安全防护用品电压等级必须（　　）电池组的最高电压。

A. 低于　　B. 高于

C. 等于　　D. 视实际情况确定

四、简答题

1. 简述新能源汽车动力蓄电池的常见安装位置及原因。

2. 在进行高压验电操作时有哪些注意事项？

3. 什么是新能源作业的“十不准”？

4. 对汽车进行高压系统断电操作时应注意哪些问题？

课题二　动力蓄电池模组的更换

一、填空题

1. 动力蓄电池模组是由多个电池模块或电池单体____联组成的一个组合体。

2. 并联电池模组适用于每个单体电池的电动势能够满足负载所需的电压、而单体电池的输出电流________负载所需电流的情况。

3. 整车维护时，需观察电池箱体螺栓是否松动，电池箱体是否有破损和严重变形，____________是否完整。

4. 动力蓄电池主要由______________________、________________、__________________及______________组成。

5. 电芯失效模式分为______性失效模式和__________性失效模式。

6. 电池单体可实现________能与________能之间的转换。

7. 国内大部分厂家生产的磷酸铁锂或三元锂电池在______℃以下充电会发生析锂现象。

8. 已损坏动力蓄电池的存放位置必须与建筑物、车辆或其他易燃材料（例如垃圾）容器至少距离______。

9. 电池箱体外表面颜色要求为________或________，哑光。

二、判断题

1. 动力蓄电池模组的连接方式对电池组的寿命没有影响。（　　）

2. 电池单体是构成动力蓄电池模块的最小单元。（　　）

3. 并联电池模组中电池间可以相互充电。（　　）

4. 动力蓄电池应在低温下进行充电。（　　）

5. 电芯胀气的主要原因是电池内部发生副反应产生气体。（　　）

6. 动力蓄电池箱有承载及保护动力蓄电池组及电气元件的作用。 （ ）

7. 单体电池的额定电压一般较高。 （ ）

8. 拆卸动力蓄电池固定螺栓时，应按对角线顺序均匀用力旋松箱体周布螺栓及高压维修开关周布螺栓。 （ ）

9. 电池内部杂质造成的微短路所引起的不可逆反应是造成个别电池自放电偏大的最主要原因。 （ ）

三、选择题

1. 以下不属于电动汽车的优点的是（ ）。

A. 无污染，噪声小　　B. 结构简单，维修方便

C. 使用成本低　　D. 续驶里程长

2. 以下不属于动力蓄电池辅助元器件的是（ ）。

A. 熔断器　　B. 继电器

C. 分流器　　D. 检测仪器

3. 以下不属于电池管理系统主要功能的是（ ）。

A. 均衡控制　　B. 故障报警

C. 自行充电　　D. 充放电管理

4. 若将电池模组先并联后串联，则其系统可靠性（ ）单体可靠性。

A. 高于　　B. 低于

C. 等于　　D. 不确定

5. 以下不会导致电芯漏液的是（ ）。

A. 外力损伤　　B. 安装不规范导致密封结构被损坏

C. 电压过高　　D. 碰撞导致密封结构被损坏

6. 无论何种类型的电池，综合考虑连接可靠性和连接方式对电池性能的影响，应采用先（ ）后（ ）的方式。

A. 并联　串联　　B. 串联　并联

C. 并联　混联　　D. 串联　混联

7. 动力蓄电池箱通过螺栓接在车身地板下方，其螺栓拧紧力矩为（ ）N·m（北汽新能源 E150 EV）。

A. 60 ~ 80　　　　B. 95 ~ 105

C. 100 ~ 120　　　　D. 120 ~ 140

8. 必须将损坏的动力蓄电池临时存放在户外带有特殊标记的容器内至少（　　）h，之后才允许进行最终废弃处理。

A. 12　　　　B. 24

C. 36　　　　D. 48

9. 可视为动力蓄电池已损坏的情况是（　　）。

A. 动力蓄电池 SOC 低于 30%

B. 动力蓄电池外壳脏污

C. 动力蓄电池单元带有可见烧焦痕迹

D. 动力蓄电池标识脱落

四、简答题

1. 简述电池管理系统的作用。

2. 动力蓄电池应如何存放？

3. 简述动力蓄电池模组拆装的步骤。

4. 串联电池模组适用于怎样的情况？

课题三　动力蓄电池的检测与维护

一、填空题

1. 在动力蓄电池系统中，电压可分为________、开路电压、__________、额定电压、终止电压和_________等。

2. 电池的寿命分为________寿命和________寿命。

3. 市场上应用较多的电池正极材料有______________、______________和______________。

4. 电池的端电压是指电池________和________之间的电位差。

5. 动力蓄电池性能检测包括荷电状态检测、______________、______________、______________、______________等。

6. 对于所有化学电源，即使在与外电路没有接触的条件下开路放置，容量也会自然衰减，这种现象称为__________。

7. 放电容量与额定容量之比用___________表示。

8. 在目前常用的二次电池中，铅酸蓄电池的循环寿命为___________次。

9. 充电一般分为两个阶段，先以________充电至蓄电池电压达技术规范或产品说明书中规定的充电终止电压，再转________充电。

二、判断题

1. 动力蓄电池一级维护是以清洁、润滑、紧固、调整和仪器检测及轮胎换位为主的维护作业。 (　　)

2. 锂离子蓄电池的比容量要高于铅酸蓄电池。 (　　)

3. 汽车在完成二级维护作业后，无须进行竣工检验。 (　　)

4. 一般来说，低温和低湿的环境条件下，电池的自放电率低，有利于电池的储存。 (　　)

5. 纯电动汽车与传统汽车一样，采用A级、B级和C级三级维护计划。 (　　)

6. 对于在使用时才加入电解液的电池，习惯上称其储存寿命为湿储存寿命。(　　)

7. 充放电循环寿命是衡量二次电池性能的一个重要参数。 (　　)

8. 锂离子蓄电池的内阻是固定不变的常数，不受荷电状态和温度等因素的影响。 (　　)

9. 在动力蓄电池的使用过程中，应根据实际情况准确把握充电时间和充电频次。 (　　)

三、选择题

1. 一般情况下，电池的充电时间在（　　）h左右为宜。

A. 10　　B. 12

C. 16　　D. 20

2. *SOC* 和 *DOD* 的关系为（　　）。

A. *SOC*=*DOD*　　B. *SOC* ＞ *DOD*

C. *DOD*=1+*SOC*　　D. *DOD*=1−*SOC*

3.（　　）是以清洁、补给、安全检视和电控仪表检视为作业中心内容，由驾驶员负责执行的车辆维护作业。

A. 一级维护　　B. 日常维护

C. 二级维护　　D. 三级维护

4. 在目前常用的二次电池中，锂离子蓄电池的充放电循环寿命为（　　）次。

A. 500 ~ 800　　B. 200 ~ 500

C. 600 ~ 1 000　　D. 约 100

5. 新能源汽车的动力蓄电池二级维护作业项目不包括（　　）。

A. 安全防护　　B. 单体电池电量

C. 连接器状态　　D. 螺栓坚固情况

6. 蓄电池的放电速率、放电温度、（　　）和放电深度，通常称为放电制度。

A. 放电频度　　B. 放电开始

C. 放电截止　　D. 放电一致性

7. 目前，主要的荷电状态测量方法有（　　）、安时积分法、内阻法等。

A. 开路电压法　　B. 短路电压法

C. 通路电压法　　D. 定时放电法

8. 新能源汽车的动力蓄电池一级维护作业项目不包括检查（　　）。

A. 动力蓄电池连接器密封情况

B. 电池箱壳体螺栓固定情况

C. 动力蓄电池连接器锁止情况

D. 动力蓄电池的绝缘情况

9. 二级维护竣工检验的检验项目不包括（　　）。

A. 清洁　　B. 循环寿命

C. 密封件　　D. 连接器

四、简答题

1. 电池的主要性能指标有哪些?

2. 动力蓄电池性能检测的方法有哪些?

3. 简述动力蓄电池的维护分级及相应的作业内容。

4. 简述动力蓄电池检测与维护操作过程中的注意事项。

课题四　动力蓄电池高压维修开关的检测与更换

一、填空题

1. 手动维修开关（MSD）是指为了保护在高压环境下维修电动汽车的技术人员或应对某些突发的事件，可以快速分离____________的连接，使维修等工作处于一种较为安全的状态的开关。

2. MSD 以______作用为主，为应急救援状态下可采取的有效救援手段，同时可以在车辆维修过程中，为动力蓄电池______系统维修操作提供安全保障。

3. MSD 的安装有双接触器 +MSD、单接触器 +MSD、____________________、____________________和____________________几种情况。

4. ____________________系统是指可充电的且可提供电能的能量存储系统。

5. 测量 MSD 内部熔断器电阻时，其阻值应小于__________。

6. MSD 断开后的 5 s 内，所有外部电池端子组的测量电压应小于________。

7. 在双接触器 +MSD 的安装形式下，MSD 安装于电池系统中间主要是基于对__________风险的评估。

8. 接触器安装于电池一极，MSD 在接触器旁边时，在单点失效情况下，其失效后最大电压为__________________。

9. 比亚迪秦的动力蓄电池包高压维修开关为____色。

二、判断题

1. 目前使用 MSD 的车型中，MSD 多安装于蓄电池包的后部。 (　　)

2. 目前较多车型采用双接触器、无 MSD 的设计，尤其是采用单包电池的车型。 (　　)

3. 在双接触器 +MSD 的安装形式下，若将 MSD 安装于电池正极或负极，在接触器

粘连时，失效电压最大值为动力蓄电池总电压的一半。 (　　)

4. 常见乘用车动力蓄电池的标称电压均大于 DC 300 V。 (　　)

5. 整车高压电气系统中通常要安装熔丝或接触器。 (　　)

6. 在动力蓄电池高压维修开关的检测中，无须检查其外观和锁紧装置。 (　　)

7. 高压维修开关拆装前需进行高压断电。 (　　)

8. 在单接触器 +MSD 的安装形式下，当 MSD 安装于接触器左侧时，MSD 负端与电池负极间电压为蓄电池电压（正常情况下）。 (　　)

9. 可充电储能系统中必须装有 MSD。 (　　)

三、选择题

1. 动力蓄电池维修开关属于（　　）。

A. 熔断器　　B. 继电器

C. 接触器　　D. 信号发生器

2. 在单 MSD、无接触器的安装形式下，MSD 安装于电池中间比安装于电池正极或负极风险（　　）。

A. 高　　B. 低

C. 相同　　D. 不确定

3. 动力蓄电池管理系统设计出合理的断开机制后，在确保人员操作正确规范的前提下，可以采用省略 MSD 并配置相应（　　）的形式。

A. 熔断器　　B. 接触器

C. 电容器　　D. 根据实际情况确定

4. 测量 MSD 内部互锁连接器阻值时，应确保其小于（　　）Ω。

A. 0.2　　B. 0.02

C. 0.1　　D. 0.01

5. 比亚迪 e6 的动力蓄电池高压维修开关安装于（　　）。

A. 车辆后排座椅下方　　B. 车辆发动机舱内

C. 驾驶室中部储物盒内　　D. 车辆后行李舱电池箱内

6. 国际标准 ISO6469 和欧洲标准 EN1987 对 REESS 切断的要求为至少断开（　　）极。

A. 1　　B. 2

C. 3　　D. 4

7. 动力蓄电池高压维修开关外观及锁紧装置的检查项目中不包括（　　）。

A. 清洁外观

B. 检查有无破损、开裂情况

C. 检查生产企业标签

D. 检查连接器有无严重氧化或电烧蚀情况

8. 当 MSD 打开时，电池系统输出端子之间电压为（　　）V。

A. 0　　B. 6

C. 60　　D. 600

9. 拆装动力蓄电池高压维修开关前应（　　）。

A. 断开主正继电器　　B. 断开线束街头

C. 断开与电机控制器的连接　　D. 完成高压断电、验电

四、简答题

1. 简述动力蓄电池高压维修开关的功能。

2. 简述北汽 EV200 动力蓄电池高压维修开关的安装位置。

3. 简述动力蓄电池高压维修开关的检测步骤。

模块三
动力蓄电池管理系统的检修

课题一　动力蓄电池信息采集管理系统的检测与更换

一、填空题

1. 电池信息采集器的主要功能有电池__________、__________、__________、__________________等。

2. 电池信息采集器主要由____________、______________、______________和通信接口组成。

3. 电池管理控制器能够控制预充、_______、_____和分压接触器的断开与闭合。

4. 车辆自诊断检测的第 1 步是打开_____________，观察_____________并记录相关情况。

5. 在车辆自诊断检测的过程中，应将道通 MS908 故障诊断仪接入_______诊断座中。

6. 在车辆自诊断检测的过程中，退出自动扫描后，应进入电池信息采集器读取并记录相关_________，结合数据流进行相关部位排查。

7. 在采样线束及采样端子检测的过程中，将红表笔接 BK45（A）–14 号端子、黑表笔接车身，经测量电压为 0，说明检测结果_______（正常 / 异常）。

8. 在采样线束及采样端子检测的过程中，将红表笔接 KxK45（C）–26 号端子、黑表笔接车身，经测量电阻为 0，说明检测结果_______（正常 / 异常）。

9. 在采样线束及采样端子检测的过程中，电池子网 CAN–L KxK45（C）–1 号端子和 CAN–H KxK45（C）–8 号端子之间的电阻测量值为 64.3 Ω，说明检测结果________（正常 / 异常）。

二、判断题

1. 对动力蓄电池信息采集管理系统检测前，需要进行自诊断检测。（ ）

2. 在自诊断检测的过程中，应注意观察并记录电量是否充足、各故障灯是否点亮、“OK”灯是否点亮。（ ）

3. 电池信息采集器的故障不会造成整车高压系统无法正常上电。（ ）

4. 动力蓄电池信息采集管理系统的检测需要读取相关数据流。（ ）

5. 电池组采样线束的更换不需要下电。（ ）

6. 安装新的电池组采样线束时，应按照先拆后装、后拆先装的顺序进行。（ ）

7. 拔下维修开关时，必须佩戴绝缘手套。（ ）

8. 更换比亚迪秦动力蓄电池组的采样线束及采样端子时，应先拆卸后排座椅及靠背，然后关闭电源开关。（ ）

9. 在自诊断检测的过程中，将故障诊断仪接入诊断座时，车辆电源开关处于关闭状态。（ ）

三、选择题

1. 比亚迪 e5 使用电池信息采集器监控电池组传感器测量的数据和电池性能。通常情况下，数据被报告给（ ）。

A. BMC　　B. BK45（A）

C. VCU　　D. VTOG

2. 如果单体电池、电池模组或部分电路的电压出现不平衡，部分具有充电系统的电动汽车还可以通过（ ）来均衡电池电压。

A. 电池控制器　　B. 电池信息采集器

C. 电机控制器　　D. 整车控制器

3. 在自诊断检测的过程中，需要进入电池管理系统读取并记录相关数据流，以下和电池管理系统无关的数据流是（ ）。

A. 最低温度　　B. 电池组当前总电压

C. 压缩机转速　　D. 最高温度

4. 在更换比亚迪秦动力蓄电池组采样线束及采样端子的过程中，拔下维修开关后，需等待（　　）min，再进行操作。

A. 1　　B. 1.5

C. 2　　D. 3

5. 在采集线束及采样端子的更换过程中，以下操作未涉及的是（　　）。

A. 关闭电源开关　　B. 拆下网关

C. 拔下维修开关　　D. 拔下座椅相关连接器

6. 电池管理控制器可以接收来自 BIC 的动力蓄电池模块数据与故障信息，与（　　）进行通信。

A. BMC　　B. VTOG

C. VCV　　D. BCM

7. 电池管理控制器不会接收动力蓄电池模块的（　　）数据。

A. 电压　　B. 电流

C. 转速　　D. 温度

8. 比亚迪 e5 的电池信息采集器位于（　　）内。

A. BCM　　B. 网关

C. BMC　　D. 电池包

9. 在采样线束及采样端子检测的过程中，将红表笔接 BK45（B）–1 号端子、黑表笔接车身，经测量电压为（　　）V，确认正常。

A. 24　　B. 36

C. 6　　D. 12.62

四、简答题

1. 简述电池信息采集器的功能。

2. 简述电池管理控制器的功能。

3. 简述比亚迪秦动力蓄电池组采样线束及采样端子的更换步骤。

课题二 动力蓄电池管理控制器的更换

一、填空题

1. 从结构角度来看，基于其拓扑结构的电池管理控制器只有三种类型，分别是________电池管理控制器、__________电池管理控制器和__________电池管理控制器。

2. 动力蓄电池管理控制器由________模块和________模块构成。

3. 下电模式是整个系统的________与________部分处于非工作状态的模式。

4. 当电池管理系统处于准备模式时，系统所有的____________均处于____________状态。

5. 当动力蓄电池管理系统接收到CAN信号，且系统的控制____________、____________完成后，电池管理系统进入下一步放电模式。

6. 由于驱动电机是感性负载，驱动电机控制器内部电路有大电容，为防止过大的________冲击，负极接触器闭合后，即闭合与正极继电器并联的预充__________，进入预充电状态。

7. 充电模式下，为保证________________持续供电，____________________接触器需处于工作状态。

8. 在更换比亚迪e5电池管理控制器前，需要做好__________防护和__________防护。

9. 拆卸BMC连接器时，需要拔掉电池管理控制器上连接的电池__________和整车低压线束的________。

二、判断题

1. 电池管理控制器的功能包括充/放电管理、接触器控制、功率控制、电池异常报警和保护等。（　　）

2. 集中式电池管理控制器和分布式电池管理控制器的功能是相似的。（　　）

3. 在下电模式下，动力蓄电池管理系统控制的高压继电器并非都处于断开状态。（　　）

4. 在准备模式下，动力蓄电池管理系统可接收到外界整车开关、整车控制器、电机控制器、充电插头开关等部件发出的硬线信号。（　　）

5. 当电机控制器内电容两端电压达到母线电压的90%时，立即闭合正极接触器，延迟10 ms后，断开预充接触器进入放电模式。（　　）

6. 充电模式下，动力蓄电池管理系统响应起动钥匙发出的任何指令。（　　）

7. 拆下动力蓄电池负极后，不需要对负极接线桩进行包裹防护。（　　）

8. 拆卸BMC时，应先拆卸固定螺栓再拆卸连接器。（　　）

9. 更换电池管理控制器时，应根据原车电池包数据标定电池容量和SOC。（　　）

三、选择题

1. 动力蓄电池管理控制器的主控模块包括继电器、（　　）电路、总电压隔离运放、绝缘检测电路等。

A. 电流测量　　B. 电阻检测

C. 温度检测　　D. 放电测量

2. 动力蓄电池管理系统有五种工作模式，即下电模式、准备模式、(　　)、充电模式及故障模式。

A. 自锁模式　　B. 互锁模式

C. 预充模式　　D. 放电模式

3. 在下电模式下，低压控制电源处于不供电状态，只有(　　)内部控制器的低压供电电路有静态维持电流。

A. PTC 加热器　　B. 高压互锁

C. 电池　　D. 电池子网

4. 在放电模式下，当动力蓄电池管理系统自检合格且检测到起动钥匙的(　　)上电信号后，系统将首先闭合主负继电器。

A. 高压　　B. 低压

C. 中压　　D. 视情况而定

5. 更换比亚迪 e5 电池管理控制器的过程中，将车辆退电至 OFF 挡后，需等待(　　) min。

A. 3　　B. 5

C. 8　　D. 10

6. 磷酸铁锂蓄电池低温条件下的充电特性较差，从(　　)的角度考虑，在进入充电模式之前应对系统进行一次温度判别。

A. 静电输入　　B. 漏电检测

C. 车辆上电　　D. 充电安全

7. 动力蓄电池管理系统对于故障的响应还需根据故障等级而定：当其故障级别(　　)时，系统可采取报错或发出轻微报警信号的方式告知驾驶人。

A. 中等　　B. 较高

C. 较低　　D. 超高

8. 以下不属于比亚迪 e5 电池管理控制器的更换步骤的是(　　)。

A. 车辆防护　　B. 车辆下电

C. 拆卸高压电控总成　　D. 整车上电确认

9. 由于动力蓄电池高压的使用关系到使用者和维修人员的人身安全，因此动力蓄电池管理系统对于各种工作模式均采取（　　）的原则。

A. 设备第一　　　　B. 设备优先

C. 安全第一　　　　D. 人员优先

四、简答题

1. 简述动力蓄电池管理控制器的基本构成。

2. 简述动力蓄电池管理系统的五种工作模式。

3. 简述放电模式的内容。

4. 以比亚迪 e5 为例，简述动力蓄电池管理控制器的更换步骤。

课题三　动力蓄电池安全保护元件的检测与更换

一、填空题

1. 纯电动汽车的______________及__________________的电源均为动力蓄电池。

2. 为保护车辆及乘员安全，纯电动汽车的相关回路均应选用相应____________作为短路保护的措施。

3. 高压熔断器根据结构的不同可以分为__________________和__________________两种。

4. 电动汽车的高压接触器一般为__________结构。

5. 高压接触器有______________、______________、____________________、主负接触器、预充接触器、充电接触器等。

6. 比亚迪 e5 的主接触器在__________总成中。

7. 高压接触器吸合过程：电磁系统中的电磁线圈加以额定的驱动电压→电磁系统工作→传动系统中的传动机构克服弹簧的反作用力向上做__________→接触系统中的动、静触点闭合→__________接通。

8. 在更换比亚迪 e5 的高压空调熔断器之前，需断开动力蓄电池的高压电控总成输出母线并________。

9. 更换比亚迪 e5 主接触器的过程中需要拆下高压控制盒________慢充连接器和________快充连接器。

二、判断题

1. 动力蓄电池的安全保护元件主要有高压熔断器和高压接触器。（　　）

2. 目前应用于新能源电动汽车的高压接触器主要有陶瓷封装接触器和环氧封装接触器两种，两者的工作原理及灭弧原理相同。（　　）

3. 比亚迪 e5 的三相交流输出接触器在高压电控总成外。 ( )

4. 比亚迪 e5 的分压接触器（2 个）、主正接触器和主负接触器在动力蓄电池包内部。 ( )

5. 比亚迪 e5 的高压空调熔断器安装在高压电控总成右侧。 ( )

6. 更换主接触器前，应拆下维修开关并将其放置于专用位置。 ( )

7. 拆卸主接触器前，需拆卸相关的固定螺栓和线束。 ( )

8. 更换高压接触器时，可以随意操作，没有安全隐患。 ( )

9. 在检测比亚迪 e5 的主接触器时，需要进入动力蓄电池管理系统进行相关数据流的读取和记录。 ( )

三、选择题

1. 在电动汽车的高压回路中，主要应用的高压熔断器是（ ），它最重要的参数是可靠性、熔断速度和分断能力。

A. 有填料封闭管式熔断器　　B. 快速熔断器

C. 无填料封闭管式熔断器　　D. 螺旋式熔断器

2. 比亚迪 e5 的预充接触器在（ ）。

A. 动力蓄电池包内部　　B. PTC 加热器中

C. 高压电控总成中　　D. 电机控制器中

3. 进入动力蓄电池管理系统读取相关数据流时，以下与主接触器无关的数据流是（ ）。

A. 预充状态　　B. 主接触器状态

C. 预充接触器状态　　D. 充电感应信号

4. 在更换比亚迪 e5 高压空调熔断器的过程中，需要断开蓄电池（ ）并进行包裹。

A. 正极　　B. 负极

C. 正极和负极　　D. 正极或负极

5. 在更换比亚迪 e5 高压空调熔断器的过程中，需要断开动力蓄电池的高压电控总成输出母线，经验电，电压（ ），说明处于断电状态。

A. 为 0.2 mV　　B. 为 633.6 V

C. 为 60 V　　D. 小于 633.6 V

6. 比亚迪 e5 的主正接触器在（　　）。

A. 动力蓄电池包内部　　B. PTC 加热器中

C. 高压电控总成中　　D. 电机控制器中

7. 在检测比亚迪 e5 主接触器的过程中，将车辆上电，用背插针连接 BK45（A）-9 号针脚，将黑表笔与搭铁连接，观察是否有压降。如果测出的电压（　　），证明线路和主接触器无故障。

A. 大于 1 V　　B. 小于 1 V

C. 大于 12 V　　D. 小于 12 V

8. 在检测比亚迪 e5 高压空调熔断器（32 A）的电阻时，若测量值为（　　）Ω，则确认正常。

A. 0.2　　B. 0.5

C. 1　　D. 2

9. 以下不属于比亚迪 e5 主接触器更换步骤的是（　　）。

A. 断开蓄电池负极　　B. 拆下维修开关

C. 拆下高、低压母线　　D. 拆下漏电传感器

四、简答题

1. 简述高压接触器的类型。

2. 简述高压接触器的控制原理。

3. 简述比亚迪 e5 主接触器的更换步骤。

4. 简述高压熔断器的功用。

课题四 动力蓄电池热管理系统的检测与更换

一、填空题

1. 电池包的冷却主要有________和________两种方式。

2. 研究表明，________（风冷 / 液冷）方式易实现，但电池包______________的变化较大，不利于电池稳定工作。

3. 比亚迪 e5 采用相变液冷技术实现电池冷却，电池冷却液通过________________和空调制冷剂进行热量交换。

4. 电池系统加热的方法主要有______________和______________两种。

5. 电池系统的外部加热法有______________、______________、________________、__________________。

6. 加热膜有两种组成方式，一种是采用_____________作为发热元件，另一种是以________等作为发热元件。

7. PTC 加热器由 PTC________________与________组成。

8. PTC 加热器管路、连接器的检查项目有：检查 PTC 加热器________连接是否正常，有无________、________和泄漏，连接器、卡箍是否安装牢固等。

9. 对北汽 EV160 纯电动汽车的动力蓄电池冷却系统进行检测时，需要对继电器的线圈电阻和__________进行检测。

二、判断题

1. 通过冷却液与空调系统的制冷剂进行换热的液冷方式逐渐成为主流。（ ）

2. 热风加热适用于圆柱形、方形结构的电池，其组成模块或模组时电池之间自然形成或留有气体通道，便于加热或散热。（ ）

3. 液体加热是在内部或电池箱外将液体加热，使其流经电池周围，实现对电池的

加热。（　）

4. 在加热方式上，比亚迪 e5（2019 款）在电池散热回路中串联了 PTC 加热器，通过调节加热器的功率，控制进水温度及流量，使电池在冬季也能工作在适宜温度，确保充电速度和放电动力性。（　）

5. 采用风冷技术的典型代表是比亚迪 e5。（　）

6. 检测动力蓄电池冷却系统时不需要检测熔丝。（　）

7. 比亚迪 e5（2019 款）使用功率为 6 kW 的水加热器（空调、电池加热共用）。（　）

8. 检测控制单元 VCU 线路通断的方法如下：拆卸控制单元 VCU 连接器，将红表笔连接水泵继电器 85 号线束端子，黑表笔连接控制单元 VCU 115 号端子，正常状态下测量结果为导通。（　）

9. 比亚迪 e5（2019 款）的水加热器可以为空调系统加热，也可以在冬季行驶或充电时为电池包加热，避免电池无法正常充、放电。（　）

三、选择题

1. 动力蓄电池热管理系统的主要功能包括：电池温度的准确测量和监控、电池组温度过高时的有效散热、低温条件下的（　　）、保证电池组温度场的均匀分布等。

A. 快速冷却　　B. 快速加热

C. 缓慢加热　　D. 缓慢冷却

2. 风冷技术中的鼓风机（专门为动力蓄电池冷却用）驱动空气通过空调制冷系统的蒸发器后变成冷风，再用于冷却（　　）。

A. 电机控制器　　B. 电池管理系统

C. 动力蓄电池　　D. 高压电控总成

3. 内部加热法在电池中设计了镍箔作为第三极，只要环境温度低于（　　）℃，正极和第三极就会形成放电回路。

A. −10　　B. −5

C. 0　　D. 5

4. 制冷剂直接冷却技术应用不广泛的原因是（　　）。

A. 冷却效率低

B. 对系统的耐高压和密封性能要求非常高，风险较大

C. 费用较高

D. 操作困难

5. 以下不是 PTC 加热器优点的是（　　）。

A. 发热元件热阻小　　B. 安全性好

C. 不会产生过热现象　　D. 换热效率高达 60%

6. 继电器加载测量的步骤如下：将 12 V 电源分别与继电器 86 号端子、继电器 85 号端子相连接；万用表旋转至电阻挡，将万用表红、黑表笔分别与继电器 30 号端子、继电器 87 号端子相连接，测量值应（　　）。

A. 小于 1 Ω　　B. 大于 100 Ω

C. 大于 60 MΩ　　D. 小于 60 MΩ

7. 以下不属于动力蓄电池冷却系统检测步骤的是（　　）。

A. 检测熔丝

B. 检测熔丝到继电器端线路的通断

C. 检测电机控制器

D. 检测继电器到电子水泵线路的通断

8. 风冷技术一般应用在续驶里程较（　　）、整车质量较（　　）的电动汽车中。

A. 短　小　　B. 短　大

C. 长　小　　D. 长　大

9. 以下不属于比亚迪 e5（2019 款）动力蓄电池 PTC 加热器更换步骤的是（　　）。

A. 取下低压蓄电池　　B. 抽取 PTC 加热器补偿水桶内的冷却液

C. 拆下 PTC 模块各线束　　D. 拆卸整车控制器

四、简答题

1. 简述动力蓄电池冷却技术的类型。

2. 简述动力蓄电池系统加热的方法及特点。

3. 简述比亚迪 e5（2019 款）纯电动汽车动力蓄电池加热系统检测的步骤。

4. 简述北汽 EV160 纯电动汽车动力蓄电池冷却系统检测的步骤。

课题五　动力蓄电池均衡管理系统的检测与均衡

一、填空题

1. 为了减小电池组中单体电池________和________的差异，提高电池组的能量利用率，在电池组的充、放电过程中需要使用均衡电路。

2. 充电过程中电芯的____________和________的不同会导致压差增大。

3. 根据均衡过程中对所传递能量处理方式的不同，均衡管理系统可以分为_________均衡管理系统和_________均衡管理系统。

4. 非能量耗散型均衡（主动均衡）的一种能量转移方法是指将电压（容量）高的______________的能量转移给一个____________，再由备用电池转移到其他电压（容量）较低的电池。

5. 能量耗散型均衡（被动均衡）通过将能量多的电池中多余的能量消耗掉，实现整组电池______的均衡。

6. __________________均衡是对电池组在充电、放电或者放置过程中，电池单体之间产生的容量或电压差异进行均衡，来消除电池内部产生的各种不一致性。

7. 主动均衡技术复杂，成本______，故障率________。

8. 在比亚迪唐动力蓄电池的放电过程中，当任一电芯电压突降到______时会全车终止放电，以保护电池。

9. 电池均衡可以延长其使用寿命，减少因电池而造成的________________，符合国家对______________的要求，具有良好的社会经济效益及价值。

二、判断题

1. 动力蓄电池均衡管理功能指的是电池管理控制单元对所有单体电池端电压的一致性控制。（　　）

2. 能量耗散型均衡（被动均衡）通过对电压的采集，发现串联单体电池之间的差异。 （ ）

3. 将能量高的单体电池的能量均衡到能量低的电池属于被动均衡。 （ ）

4. 不能使用低压蓄电池对锂电池进行均衡。 （ ）

5. 通过电池均衡能够及时发现电池的早期失效。 （ ）

6. 相比于被动均衡，主动均衡的效率更高。 （ ）

7. 在对比亚迪秦 DM 的动力蓄电池进行均衡操作时，若电压无法达到一致，可使用内阻测试仪测量各单体电池的内阻，并更换一节与其他电池内阻接近的电池。 （ ）

8. 内阻测试仪在使用前不需要校零。 （ ）

9. 在对动力蓄电池进行均衡操作前需要完成车辆的自诊断检测。 （ ）

三、选择题

1. 对比亚迪秦动力蓄电池进行均衡的前提条件是单体电池的电压为（ ）V。

A. 1 ~ 1.5　　B. 1.5 ~ 2

C. 2 ~ 2.5　　D. 2.5 ~ 3

2. 被动均衡通过采用对充电时最先达到“上限阈值电压”且检测出与相邻组内电池差异的单体电池（ ）能耗电阻的方式进行放电。

A. 并联　　B. 串联

C. 混联　　D. 以上均可

3. 以下不属于主动均衡步骤的是（ ）。

A. 电池放电，电容充电　　B. 均衡管理完成

C. 电容放电，电池充电　　D. 停止充电，能量耗散

4. 以下不属于被动均衡步骤的是（ ）。

A. 电池充电中，部分电池已充满　　B. 均衡管理完成

C. 电容放电，电池充电　　D. 多次调节

5. 使用可调稳压电压的充电机对比亚迪秦 DM 的锂电池（电池模组）进行均衡时，将电压参数设置为（ ）V，电流参数设置为（ ）A。

A. 1.2　3　　B. 12　3

C. 3.2　2　　D. 12　1

6. 使用低压蓄电池对比亚迪秦 DM 的锂电池进行均衡时，应在电路中串联一个（　　）。

A. 功率电阻　　B. MOS 管

C. 电容　　D. 光电耦合器

7. 对比亚迪秦 DM 的动力蓄电池而言，所有被均衡的电池电压高于（　　）V 即可装车，安装电池保护盖板时，注意不要压到单体电池采样线束。

A. 6　　B. 3

C. 5　　D. 4

8. 电池均衡可以提高电池设备的（　　），确保用电设备的安全运行。

A. 舒适性　　B. 可靠性

C. 真实性　　D. 减缓性

9. 以下不属于电池均衡带来的利益的是（　　）。

A. 可以随时检测单体电池的工作状态　　B. 提高测试效率

C. 保护充电枪　　D. 延长电池的使用寿命

四、简答题

1. 简述动力蓄电池均衡管理系统的类型。

2. 简述动力蓄电池均衡管理系统的工作原理。

3. 以比亚迪秦 DM 为例，简述动力蓄电池的均衡操作方式。

课题六　动力蓄电池安全保护系统的检测

一、填空题

1. 动力蓄电池安全保护系统的功用是：阻止__________和__________在系统正常运行状态和某些非正常状态下以不可控的方式释放，或减轻其不可控释放所带来的危害。

2. 动力蓄电池安全保护系统主要针对动力蓄电池的过放电、过充电、短路、__________、__________、__________等进行保护。

3. 动力蓄电池过充电保护的测试方法为：电池在________________工作情况下正常运行，但断开充电控制；以允许的最大________________进行充电（低于过流保护设定值），最大电压限定为充电设备的输出限值。

4. 动力蓄电池短路保护的测试方法为：用电阻小于__________的线路经外部短路__________或出现其他异常现象。

5. 动力蓄电池过充电保护的测试要求为：__________，__________，电池外壳无破裂；可燃气体浓度小于最低浓度限值。

6. 动力蓄电池在放电状态下的过流保护措施为：__________用电设备（电机、空调压缩机和 PTC 加热器）降低当前电流，__________工作。

7. 动力蓄电池在充电状态下的过流保护措施为：若电流在过流状态持续________，

则断开______________，禁止充电。

8. 动力蓄电池在充放电状态下的碰撞保护措施为：立即断开____________、________________。

9. 比亚迪 e5 的动力蓄电池过放电时，单体电池的电压小于______。

二、判断题

1. 动力蓄电池系统作为高能量载体，在不需要外部能量输入的情况下，本身就能够因能量非正常释放而产生巨大的破坏力。 ( )

2. 在动力蓄电池的短路保护测试中，将蓄电池用电阻小于 5 mΩ 的线路经外部短路 20 min 或出现其他异常现象，应不爆炸、不起火。 ( )

3. 动力蓄电池跌落保护的测试要求为不爆炸、不起火。 ( )

4. 若动力蓄电池的挤压保护符合要求，则在测试中及测试后 2 h 内电池系统不应出现起火、爆炸等现象。 ( )

5. 若放电状态下触发单体电池电压过低严重警报，大功率设备会（主电机、空调压缩机和 PTC 加热器）停止放电。 ( )

6. 若放电状态下触发单体电池电压过低一般警报，仪表会显示报警信息。 ( )

7. 若回馈充电状态下触发过流警报，电机控制器会限制回馈充电电流。 ( )

8. 若充放电状态下触发电池组低温严重警报，仪表不会显示报警信息。 ( )

9. 比亚迪 e5 动力蓄电池的单体电池电压正常为 3.2 ~ 3.4 V。 ( )

三、选择题

1. 以下不符合挤压测试要求的是（ ）。

A. 测试中外壳无破裂　　B. 对地绝缘电阻低于 100 Ω/V

C. 测试中不爆炸　　D. 测试中不起火

2. 若充电状态下触发单体电池电压过高严重警报，动力蓄电池安全保护系统采取的措施不包括（ ）。

A. 禁止动力蓄电池进行充电　　B. 仪表显示报警信息

C. 禁止电机能量回馈　　D. 允许充电

3. 若充放电状态下触发电池组过热一般警报，动力蓄电池安全保护系统采取的措施不包括（　　）。

A. 充电设备降低当前充电电流　　B. 大功率设备降低当前电流

C. 电机控制器限制回馈充电电流　　D. 仪表显示报警信息

4. 若充电状态下触发单体电池电压过高一般警报，动力蓄电池安全保护系统采取的措施不包括（　　）。

A. 禁止动力蓄电池进行充电　　B. 仪表显示报警信息

C. 断开负极接触器　　D. 电压低于一定值时，SOC 修正为 0

5. 若充放电状态下触发电池组过热严重警报，动力蓄电池安全保护系统采取的措施不包括（　）。

A. 充电设备停止充电　　B. 大功率设备停止用电

C. 仪表灯不亮　　D. 仪表显示报警信息

6. 当比亚迪 e5 的单体电池电压大于（　　）V 时，可判断为蓄电池过充电。

A. 3.4　　B. 2.7

C. 1.6　　D. 3.0

7. 当比亚迪 e5 的单体电池电压为（　　）V 时，可判断为蓄电池欠压。

A. 2.7 ~ 3.2　　B. 3.7 ~ 4.2

C. 5.7 ~ 6.2　　D. 1.7 ~ 3.2

8. 动力蓄电池严重漏电警报的触发条件是绝缘电阻（　　）。

A. 大于 100 Ω/V　　B. 小于 100 Ω/V

C. 大于 500 Ω/V　　D. 小于 500 Ω/V

9. 以下符合动力蓄电池一般漏电警报触发条件的绝缘电阻为（　　）Ω/V。

A. 50　　B. 80

C. 200　　D. 800

四、简答题

1. 简述动力蓄电池安全保护系统对电池温度监测的警报类型。

2. 简述动力蓄电池安全保护系统的功用。

3. 简述充电状态下单体电池电压过高严重警报被触发时动力蓄电池管理系统采取的应对措施。

模块四
动力蓄电池与管理系统故障诊断与评估

课题一　纯电动汽车电池系统故障诊断与排除

一、填空题

1. 纯电动汽车动力蓄电池系统相关的故障指示灯主要有：动力蓄电池故障指示灯、______断开指示灯、动力系统故障指示灯、______低指示灯、绝缘报警指示灯、电池温度______指示灯、CAN 故障指示灯等。

2. 当动力蓄电池处于切断状态时，对应的 LED 故障指示灯________。

3. 动力蓄电池故障指示灯、__________指示灯和___________________指示灯点亮时，基本可以判断为动力蓄电池系统故障。

4. 当 SOC 低于 20% 时，SOC 低指示灯______；当 SOC 低于 10% 时，SOC 低指示灯______。

5. 纯电动汽车动力蓄电池常见故障较多，可以分为电压类、温度类、充电类、________、________、SOC 异常类、电流异常类故障等。

6. 根据动力蓄电池故障对整车的影响，将动力蓄电池故障划分为三个等级，分别是：____________、______________、______________。

7. 二级故障的危险性居于一级故障与三级故障之间，基于安全考虑，对于正在充电的车辆，一般直接________充电。

8. 当北汽新能源 E150 EV 汽车的单体电池温度达到______℃时，为三级故障。

二、判断题

1. 动力蓄电池的一级故障会造成安全事故，如起火、爆炸、触电等。 （　　）

2. 目前，常用的电动汽车绝缘电阻的检测方法是分压检测法。 （　　）

3. 漏电流检测主要是检测新能源汽车特别是纯电动汽车在高压电经过时，整个绝缘系统漏电流的大小。 （　　）

4. 采用低频信号注入法进行绝缘测试时，系统内部会产生一个正负对称的方波信号。 （　　）

5. 在高压接触器连接之前，对应的高压断开指示灯闪烁。 （　　）

6. 在行车模式下，若动力蓄电池出现一级故障，会导致无法继续行驶。 （　　）

7. 目前，绝缘监测的方法主要包括电流传感法、对称电压测量法、桥式电阻法、低频信号注入法等。其中电流传感法应用最为广泛。 （　　）

8. 纯电动汽车动力蓄电池绝缘电阻的定义为：如果动力蓄电池与地（车底盘）之间的某一点短路，最小泄漏电流（意味着绝缘电阻是最大的）所对应的电阻即为动力蓄电池的绝缘电阻。 （　　）

三、选择题

1. 北汽新能源 E150 EV 汽车的单体电池温度达到（　　）℃时，为二级故障。

A. 55　　B. 50

C. 45　　D. 60

2. 当系统存在警报或降功率运行时，对应的动力系统报警指示灯（　　）。

A. 常亮　　B. 闪烁

C. 熄灭　　D. 根据实际情况确定

3. 动力蓄电池的（　　）级故障对整车几乎无影响或导致整车进入“限功率行驶”状态。

A. 一　　B. 二

C. 三　　D. 一、二、三均可

4. 动力蓄电池出现（　　）级故障会导致整车进入跛行、暂停能量回馈、停止充电等。

A. 一　　B. 二

C. 三　　D. 一、二、三均可

5. 人体安全电流的大小为（　　）。

A. 10 mA　　B. 10 A

C. 5 mA　　D. 5 A

6. 电动汽车绝缘电阻检测原理电路图中，R_P 是指（　　）。

A. 直流正极母线对地电阻　　B. 直流负极母线对地电阻

C. 正极母线侧检测电阻　　D. 负极母线侧检测电阻

7. 电动汽车绝缘电阻检测原理电路图中，R_N 是指（　　）。

A. 直流正极母线对地电阻　　B. 直流负极母线对地电阻

C. 正极母线侧检测电阻　　D. 负极母线侧检测电阻

8. 检测霍尔电流传感器与 BMS 的三根连接线的导通情况时，需要将整车下电，静置（　　）min 以上。

A. 5　　B. 8

C. 10　　D. 12

四、简答题

1. 根据图 4–1 所示，简述采用低频信号注入法进行绝缘监测的工作原理。

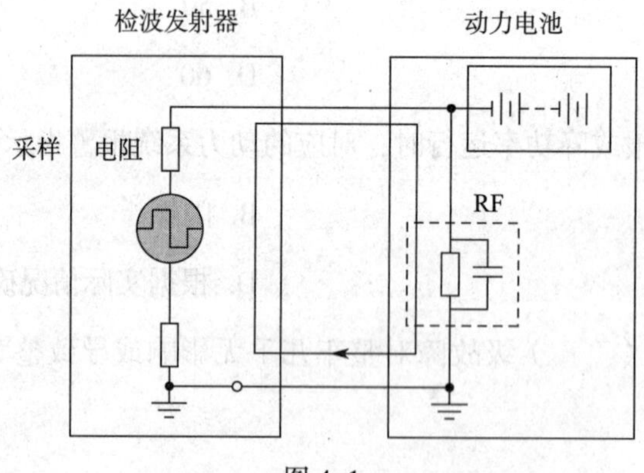

图 4–1

2. 根据图 4–2 所示，简述电流型漏电传感器的工作原理。

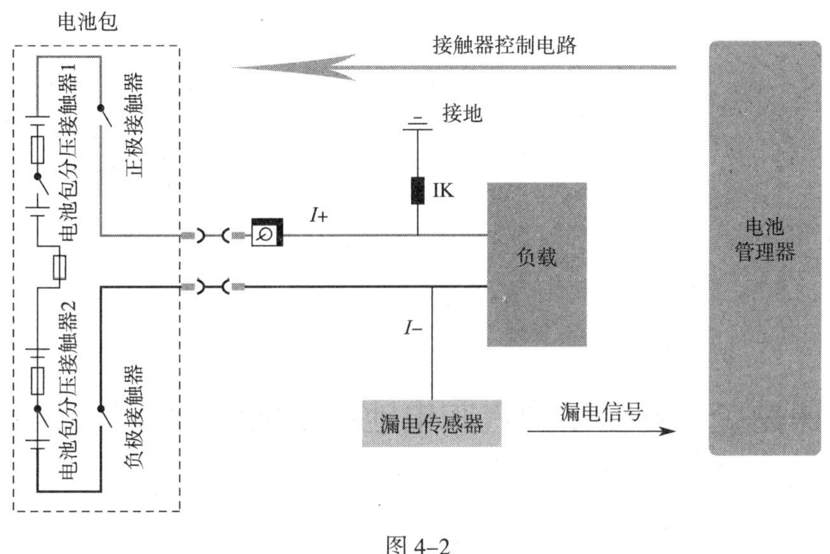

图 4–2

3. 简述动力蓄电池 SOC 异常的常见原因。

4. 简述动力蓄电池故障的三个等级及其对应的后果。

课题二　混合动力汽车电池系统故障诊断与排除

一、填空题

1. 丰田普锐斯 HV 蓄电池位于汽车________，自身带有蓄电池 ECU 及漏电检测传感器，通过____________与车辆前部的各个高压元件连接。

2. 丰田普锐斯 HV 蓄电池向外供电时，经过________________，将 HV 蓄电池 DC 201.6 V 电压增加到 DC 500 V。

3. 丰田普锐斯 HV 蓄电池与 DC-DC 转换器连接的主要作用是将 HV 蓄电池的 DC 201.6 V 电压降为 DC______V。

4. 丰田普锐斯 HV 蓄电池与 A/C 变频器连接的作用是将 HV 蓄电池的 DC 201.6 V 电压转换成 AC 201.6 V，为空调系统中的________________压缩机供电。

5. 电流传感器在 HV 蓄电池的________，实时监测动力蓄电池的负极电流。

6. 当蓄电池 ECU 输出风扇运行信号时，鼓风机电机控制调节施加给蓄电池鼓风机总成的________，以获得需要的风扇转速。

7. 第三代丰田普锐斯 HV 蓄电池由______个镍氢电池模块组成，镍氢电池总电压为__________。

二、判断题

1. 丰田普锐斯的 HV 蓄电池可以通过电源电缆与升压转换器和变频器连接。(　　)

2. 混合动力汽车动力蓄电池系统发生故障后，应该首先采用故障诊断仪进行故障代码读取和数据流分析。(　　)

3. 丰田普锐斯 HV 蓄电池的主要工作不受 HV ECU 的控制。(　　)

4. 第三代丰田普锐斯 HV 蓄电池的体积约为 35.5 L。(　　)

5. 对汽车混合动力系统主警告灯点亮故障排查前，无须设置安全警示牌。(　　)

6. 组合仪表混合动力系统主警告灯点亮，表明该车的 HV 系统存在故障，自检没有通过。(　　)

7. 当驾驶人点击起动按键，电源线路输入信号被报送给电源控制 ECU，电源控制 ECU 将起动信号报送给 HV ECU，告知车辆的上电起动信息。(　　)

三、选择题

1. (　　)能够将 HV 蓄电池的高压直流电转换为交流电。

A. 变频器　　B. 增压器

C. DC/DC 转换器　　D. 维修开关

2. 在丰田普锐斯混合动力汽车动力蓄电池系统中，当能量回收时，变频器将 AC 500 V 电压转换成 DC (　　) V 电压，经降压后给 HV 蓄电池充电。

A. 500　　B. 600

C. 800　　D. 1 000

3. 风扇熔丝电阻的标准值应(　　)。

A. 大于 1 Ω　　B. 小于 1 Ω

C. 大于 5 Ω　　D. 小于 5 Ω

4. HV 蓄电池向外供电时，经过升压转换器将电流将升压，再经过变频器转换为交流电，输送到（ ）。

A. 电机 MG1、MG2　　B. 电机 MG2

C. 电机 MG1　　D. DC/DC 转换器

5. BMS 对 HV 蓄电池采用每两个模块为一组的方式进行电压监测，所以共有（ ）根电压监测线。

A. 28　　B. 14

C. 7　　D. 56

6. 电流从蓄电池 ECU 的（ ）端子流出，流入蓄电池鼓风机的继电器线圈。

A. GND　　B. S1

C. FCTL1　　D. VW

7. HV ECU 收集到各个传感器信号后，控制（ ）、正极接触器、负极接触器三个接触器和 HV 蓄电池的工作。

A. 主正接触器　　B. 预充接触器

C. 分压接触器　　D. 交流充电接触器

四、简答题

1. 简述混合动力汽车动力蓄电池系统的常见故障。

2. 混合动力汽车动力蓄电池系统故障的现象有哪些？

3. 图 4–3 所示的两个故障指示灯分别表示何种故障？

a）

b）

图 4–3

4. 简述电流传感器输入信号的作用。

课题三　动力蓄电池评估

一、填空题

1. 动力蓄电池包的性能包括容量性能、充放电性能、________特性、__________特性、循环寿命、自放电特性和在不同荷电状态下的静态电压特性等。

2. 在低温状况下，动力蓄电池容量比较______，温度越高，容量比越______。

3. 动力蓄电池的循环寿命以电池的__________为计算标准。

4. 动力蓄电池在不同荷电状态下的衰减速率不同，SOC 越小，衰减速度越______。

5. 过充电测试的方法为：以 $1I_1$（A）电流恒流充电至企业技术条件中规定的终止电压的____倍或充电时间达____h 后停止充电。

6. 过放电测试的方法为：以 $1I_1$（A）电流放电________min。

7. 在混动汽车中，电池都会设定一个__________区间。

8. ________车型的动力蓄电池不存在 CS 区间。

二、判断题

1. 在电池的低气压测试中，需要将电芯放入低气压箱中静置 6 h，观察 1 h。(　　)

2. 在相同的循环次数下，充放电电流越大，电池的容量保持率越低。(　　)

3. 海水浸泡测试的方法是将电芯浸入质量分数为 3.5% 的 NaCl 溶液中 24 h。(　　)

4. F3DM 动力蓄电池包由 10 个模组（每个模组 10 个单体）组成，每个单体电池电压为 3.3 V，电池包标称电压为 330 V，容量为 45 A · h。(　　)

5. 动力蓄电池的自放电特性与荷电状态相关，SOC 越大，电池的自放电率越低。(　　)

6. 挤压测试的挤压方向是平行于电芯极板。(　　)

7. 针刺测试的方法为：用直径为 5 ~ 8 mm 的耐高温钢针、以（25 ± 5）mm/s 的速度，

从垂直于电芯极板的方向贯穿。（　　）

三、选择题

1. 短路测试的方法如下：将电池经外部短路（　　）min，外部线路电阻应小于（　　）mΩ。

A. 5　5　　B. 10　5

C. 5　10　　D. 10　10

2. 锂离子蓄电池和（　　）在应对“浅充浅放”上具有非常优秀的表现。

A. 铅酸蓄电池　　B. 镍氢蓄电池

C. 燃料电池　　D. 太阳能电池

3. 关于动力蓄电池的内阻，以下说法正确的是（　　）。

A. 电池内阻会随着使用条件变化而产生变化

B. 电池内阻和流过外电路的电流大小成反比

C. 电池内阻和电池两端的电压成正比

D. 电池内阻是一个固定不变的值

4. 动力蓄电池的额定容量为：在环境温度为（　　）℃条件下，充满电的电池以额定电流（或者额定功率）放电至终止电压时所能提供的电量。

A. 25 ± 3　　B. 28 ± 2

C. 30 ± 3　　D. 30 ± 2

5. 为了维持纯电动汽车行驶的续驶里程，可以在（　　）负荷情况下行驶。

A. 中小　　B. 中大

C. 大　　D. 根据实际情况确定

6. 跌落测试的方法为：将电芯端子向下从（　　）m 高度处自由跌落到水泥地面上。

A. 0.2　　B. 0.5

C. 1　　D. 1.5

7. 加热测试的方法为：将电芯放入烤箱中，按 5 ℃/min 的速率升温至（130 ± 2）℃，保持（　　）min。

A. 30　　B. 40

C. 50　　D. 60

四、简答题

1. 为何能量密度和功率密度不可兼得？

2. 简述温度变化对动力蓄电池容量衰减速率的影响。

3. 根据《电动汽车用动力蓄电池安全要求及试验方法》（GB/T 31485—2015），简述动力蓄电池的 10 种可靠性测试项目。

4. 根据《电动汽车用动力蓄电池安全要求及试验方法》（GB/T 31485—2015），简述挤压测试的基本方法和要求。